[illegible]

Archiviste de la ville d'Auch

Les Livres

[illegible]

AU

SEIZIÈME SIÈCLE

PARIS

Rue Dauphine, 16

1865

LES

LIVRES D'HEURES.

AMÉDÉE TARBOURIECH

Archiviste de la ville d'Auch.

Les Livres D'HEURES au SEIZIÈME SIÈCLE

PARIS

CHEZ AUGUSTE AUBRY

Rue Dauphine, 16.

1865

Les Vieux Livres. — Les Prières en français dans les Livres d'Heures. — Révolution morale et religieuse. — Le Calendrier et la vie de l'homme. — La grande Danse des Morts. — Les Sybilles et leurs *dits*. — Comment doit se conduire une femme séculière. — La Confession générale. — L'Echelle de Perfection. — Les trois Patenôtres du Pape. — Oraisons et Méditations pieuses au XVIe siècle.

Les Livres d'Heures

au XVIe siècle

Le charme de nos vieux livres français présente tant d'aspects différents que nous ne nous étonnons pas du nombre de bibliophiles et d'*amoureux* qui se sont épris depuis longtemps de ces premières productions de la xylographie et de l'imprimerie. La plupart des bibliophiles modernes, par la multiplicité et la variété de leurs observations, y trouvent le sujet de maintes études intéressantes. Les uns, se préoccupant des *incunables*, sont parvenus à reconstituer peu à peu l'état civil de cette famille dont la filiation semblait à jamais perdue ; d'autres, plus soucieux de la question d'art, ont tenté de savoir les noms de ces maitres si modestes et si habiles qui créèrent la gravure soit en France, soit à l'étranger. Oublierons-nous enfin les patients investigateurs qui, en dehors du caractère typographique, du texte et de la gravure en bois, se sont plu à décrire les splendides couvertures des livres d'autrefois, et nous ont initiés à l'art de la reliure à diverses époques.

Nous croyons avoir nommé MM. C. Brunet, G. Peignot, J. Renouvier, P. Lacroix (bibliophile Jacob), E. Fournier, Firmin Didot, Duplessis, Paeïle et tant d'autres écrivains si connus des amateurs de vieux livres qu'il nous paraît inutile d'établir ici la bibliographie de leurs savantes publications.

Parmi ces débris d'une civilisation éteinte que le temps rejette quelquefois pour laisser surprendre ses secrets les plus intimes, il est un livre que nous aimons à feuilleter souvent parce qu'il résume, à la fois, les espérances, les joies et les douleurs de l'humanité : c'est le Livre d'Heures du XVIe siècle. N'était-ce pas lui l'un des premiers enfants de l'imprimerie, seul témoin de leurs sincères épanchements, qui pouvait nous dire de quelle manière priaient nos pères?

Bien que, en réalité, les Livres d'Heures aient fait leur apparition vers la fin du XVe siècle, puisque, dès l'année 1488, les maîtres libraires de Paris et de Lyon en répandent un nombre considérable *à l'usaige* des différentes villes, nous avons adopté de préférence le XVIe siècle, afin d'analyser d'une manière plus complète le mouvement des idées, et rendre compte de l'effet que ces livres produisirent sur les esprits aux approches de la Renaissance. On ne peut juger d'un arbre que lorsqu'on en voit les fruits.

Ce qui caractérise surtout le Livre d'Heures à cette époque, c'est l'introduction, dans la prière, du langage français qui va progressivement se substituer au latin, jusqu'alors maître absolu du texte et interprète unique de la pensée religieuse. La liturgie conservera pour elle cette langue morte, tandis que notre idiome national, plus *palpable au peuple*, selon l'expression de Montaigne, s'harmonisera avec les tendances d'émancipation qui éclatent alors au milieu de la société en train de se renouveler.

La classe moyenne, composée des bourgeois et des artisans de tous métiers, le peuple, cette masse qui semblait endormie, se réveille tout à coup, s'ébranle et demande place au soleil. En dehors des libertés politiques qu'elle a déjà conquises, il lui faut aussi des livres qu'elle comprenne, des prières à réciter dans son langage naïf.

des gravures qui parlent à son imagination surexcitée. En un mot, elle ne veut plus qu'on lui impose une langue qui n'est ni celle de son pays, ni celle de son cœur.

Ne croyez pas, toutefois, que cette manifestation fût antireligieuse. Plus que jamais, au contraire, la foi proteste par d'irrésistibles élans de sincérité, et la piété déborde dans ces âmes profondément convaincues. Voyez les premiers livres de dévotion : ils sont tous inventés pour les pauvres, et c'est pour eux que l'Imprimerie, en s'efforçant d'imiter les manuscrits, débute déjà par la contrefaçon.

Le Missel, avec ses admirables enluminures, restera, longtemps encore, entre les mains des nobles châtelaines, des riches seigneurs. Quant au peuple, il garde pour lui les Chroniques et les Légendes, les *Bibles historiées*, l'*Art de bien vivre*, le *Miroir de la mort*, le *Jardin de dévotion*, le *Débat espirituel*, la *Légende dorée*, l'*Imitation de J.-C.*, la *Passion*, narrée par le frère Maillard, et les livres enthousiastes légués par le mysticisme du Moyen âge.

Cette littérature, pleine d'une austère sévérité, représente la lutte du gros bon sens populaire contre l'envahissement des mœurs légères et faciles importées d'Italie; elle proteste évidemment contre les nudités de l'Olympe, contre toute cette mythologie païenne que les premiers Valois cherchent à ressusciter au milieu de leur cour en liesse.

Ce qu'on retrouve encore dans les Livres d'Heures du XVIe siècle, c'est une morale d'autant plus scrupuleuse qu'elle est toujours en raison directe de la préoccupation constante de la vie future; aussi voyons-nous, à cette époque, le côté utilitaire de la vie s'effacer en regard de l'observance rigoureuse des préceptes de la religion. Chaque page vous répète ce lugubre distique :

Mortel vivant pense et croy que la fin
Sera enfer ou paradis sans fin.

Si nous voulons étudier de près le sens réel de ce combat politique et religieux que nous venons d'ébaucher plus haut, il nous faut ouvrir les livres de prières et interroger leurs feuillets jaunis par les siècles : peut-être nous laisserons-nous quelquefois distraire en regardant ces vignettes qui captivaient l'imagination de nos pères.

Les premières pages sont remplies, après l'*advertissement* au lecteur, par l'A. B. C. *des chrétiens* (notre alphabet moderne), par l'*Oraison domènicale que Nostre-Seigneur J.-C. feist, les 12 articles de la foy*, et quelques autres prières qui se sont perpétuées jusqu'à nous. Immédiatement à la suite, on rencontre un *Almanach* peu différent par la forme de l'almanach actuel, mais que nous demandons à décrire parce qu'il joue un rôle important dans les livres pieux à la fin du XVe siècle et au commencement de la Renaissance.

De nos jours, les progrès de la science astronomique ainsi que la grande facilité de vulgarisation des connaissances générales permettent, à tout le monde, d'être mis au courant des moindres éventualités climatériques ou atmosphériques. Et nos savants astronomes, guidés simplement par l'étude, par l'observation des phénomènes célestes, eussent été autrefois brûlés comme hérétiques ou sorciers. Le Moyen âge et la Renaissance furent peu éclairés au point de vue de la science astronomique; ce qui le prouve, ce sont les almanachs ou calendriers qui, presque jusqu'au XVIIe siècle, reproduisent la même méthode d'annoncer le temps. Guides pratiques de l'agriculture, ils l'avertissent toujours des phases et combinaisons lunaires.

Le savant bibliophile, M. Renouvier, en donne une description que nous extrayons de son intéressant article sur *Les gravures en bois dans les Livres de Simon Vostre, libraire d'Heures.*

« Le calendrier, toujours précédé de la figure anatomique et planétaire, a des bordures historiées de sujets afférents à chaque mois : en haut, les occupations et les travaux de saison à côté des signes du zodiaque; sur les côtés, les fêtes de l'Eglise et des saints; en bas, les jeux, et pour complément de leurs petits cadres, des vignettes animées de marmousets, de griffons et de coquecigrues. »

Après la nomenclature des saints viennent de joyeux dictons (sorte de moyen mnémotechnique) qui se sont conservés dans nos almanachs populaires. On aperçoit, enfin, le côté pieux et moral destiné à frapper l'imagination de l'homme en lui rappelant sans cesse que sa vie n'est qu'un court voyage. Chaque gravure se termine par un quatrain en français divisant l'existence humaine par une période de six années. Nous les reproduisons parce qu'ils caractérisent l'époque et qu'ils sont empreints d'une touchante simplicité :

Janvier *Poto*

Les six premiers que vit l'homme au monde
Nous les comparons à janvier droictement
Car en ce moys ne force habonde
Non plus que quand six ans a un enfant.

Févrler *Ligna cremo*

Les six d'après ressemblent à Febvrier
En la fin duquel commence le printemps
Car l'esprit se ouvre prest a enseigner
Et doux devient l'enfant quand a douze ans

Mars *De vite superflua demo*

Mars signifie les six ans ensuyvans
Que le temps change en produisant verdure
En celuy aage s'adonnent les enfans,
Amantz esbatz sans soucy ne [illegible]

Avril (*Do germen gratum*)

Six ans prochains vingt et quatre en somme
Sont figurez par Avril gracieux :
Et soubz cet aage est gay et ioly l'homme
Plaisant aux dames courtois et amoureux.

Mai (*Mihi flos servit*)

Au moys de may où tout est en vigueur
Autres six ans comparons par droicture
Qui trente sont, lors est l'homme en valeur
En sa fleur, force et beauté de nature.

Juin (*Spicas declino*).

En iuing les biens commencent à meurir
Aussi faict l'homme quand a trente-six ans :
Pour ce en tel temps doibt il femme querir
Se (si) luy vivant veult pourveoir ses enfans

Juillet.

Le feuillet de ce mois ayant été arraché manque à notre Livre d'Heures.

Août (*Messes meto*)

Les biens de terre commence lon a cuillir
En aoust : aussi quand l'an quarante et huict
L'homme approche il doit biens aquérir
Pour soubstenir vieillesse qui le suyt

Septembre (*Vina propino*)

Avoir grands biens ne fault point que l'homme cuide (cherche)
Sil ne les ha a cinquante et quatre ans :
Non plus que cil (celui) qui a sa granche (grange) vuyde
En septembre plus l'an n'aura riens

Octobre (*Semen humi iacto*)

Au mois d'octobre figurant soixante ans
Se l'homme est riche, cela est a bonne heure
Des biens qu'il a nourrist femme et enfans
Plus n'a besoing qu'il travaille ou labeure

Novembre (*Mihi pasco sues*).

Quand a soixante six ans l'homme vient
Representez par le moys de novembre
Vieux et caduc et maladif devient :
Lors de bien faire est temps qu'il se remembre (ressouvienne).

Décembre (*Mihi macto*).

L'an par décembre prent fin et se termine
Aussi faict l'homme aux ans soixante et douze
Le plus souvent : car vieillesse le meine
L'heure est venue que pour partir se houze.

Arrivé à soixante-douze ans, l'homme devait être prêt, car voici apparaître le terrible *compaing*, la Mort, qui vient, en goguenardant, l'inviter à la grande Danse

Que chascun à danser apprant.

De toutes les grandes leçons d'égalité données souvent à l'homme, il en est peu qui offrent un spectacle plus saisissant que celui de *la Danse des Morts* ou *Macabre*, ce drame funèbre inventé par l'imagination populaire pour ramener chacun au sentiment de sa propre faiblesse.

Mettons de côté la question d'origine, et cherchons à pénétrer la pensée mystérieuse qui a pu donner naissance à une manifestation si bizarre ; nous expliquerons, en même temps, comment elle s'est perpétuée, sous une forme plus ou moins variée, dans les Livres de prières de la Renaissance.

A la suite des frayeurs qu'il avait éprouvées, aux approches de l'an mil, le Moyen âge trembla toujours comme un enfant ; l'image de la mort fut la première qu'il aperçut au chevet de son berceau, et il conserva sans cesse le souvenir de cette terrible vision. Aussi voyons-nous cette époque garder l'empreinte d'un malaise indéfinissable, et rester plongée dans de perpétuelles anxiétés. La peur est à l'ordre du jour, car on croit entendre, à chaque instant, résonner au loin la trompette du Jugement dernier. Riche ou pauvre, seigneur ou manant, tous frissonnent devant la faux égalitaire de la Mort.

Ce sentiment de frayeur générale vous le retrouverez bien caractérisé dans toutes les productions pieuses et morales de l'époque: Voyez plutôt, *le débat du corps et de l'âme, la complainte de l'âme dampnée, le speculum salutis, les tentations des moribons, etc., etc.*

Mais, vers la fin du XVe siècle, un revirement subit se manifeste dans les esprits : la fin des temps annoncée par l'Apocalypse n'est point encore venue, et l'on ne s'attend plus à voir descendre, au milieu des nues, le Fils de l'Homme qui doit juger les morts et les vivants. Alors, le monde rit lui-même de ses propres terreurs et devient fanfaron après avoir tremblé. Comme il est aisé de reconnaître dans cette rapide réaction les preuves évidentes de la mobilité de la foule.

A peine l'aube de la Renaissance apparaît-elle que le peuple transforme le vieux fantôme de la Mort et, le prenant comme un jouet, le fait danser sous ses yeux. Etrange comédie où la légende pieuse ressemble à une satire où se métamorphose en une *Moralité* récitée par *les Confrères de la Passion.*

« L'an de grâce 1485, et le vingt-huitiesme jour de sep-
» tembre, ung nommé Guy Marchant demorant à Paris au
» grant hostel du Collége de Navarre au champ-Gaillart, »
fait paraître *un petit volume in fol. gothique composé de*

dix cahiers de dix feuilles et 20 *pages, sans chiffres, signatures ni réclames.*

Voici ce que contenait ce volume :

Une série de *morts* et de *vifz* se tenant par la main, dansant et dialoguant entre eux des vers français ; — un vrai bal fantastique ayant pour orchestre quatre morts : le premier, joue de la musette ; le deuxième, d'un orgue portatif ; le troisième, de la harpe, et le quatrième, du galoubet en s'accompagnant du tambourin. Puis, vient un squelette qui entraîne *Le Pape*, un second saisit la main à *l'Empereur*, un troisième s'empare du *Cardinal*, et ainsi de suite pour les gens de *toutes sortes d'estats et de conditions*, depuis *Le Roy* jusqu'au *Povre Homme*, depuis le *Vieillard* jusqu'à l'*Enfant* qui crie :

A. a. a. je ne scay parler
Enfant suis : j'ay langue mue.
Hier naquis, huy m'en fault aller
Je ne faiz qu'entrer et yssue
Rien n'ay mesfait...

L'humanité entière figure dans cette ronde, avec la Mort pour acolyte.

Les femmes même doivent prendre part à la lugubre fête, car voici le premier ménestrel qui leur dit :

Venez dames et damoiselles
Du siècle et de religion
Veufues, mariées et pucelles
Et autres sans exception
De quelconque condition.
Toutes dames à ceste danse
Vous y venrez, veullez ou non :
Qui sage est souuent y pense.

Et le grand bal des victimes commence. — *La Reine* s'écrie : « Ceste danse m'est bien nouvelle. » — Dames.

ployez vos gorgerettes; il n'est plus temps de vous farder, répond *La Morte*.

Ecoutez encore ces vers charmants d'une bergère que l'impitoyable squelette entraîne malgré ses larmes! Quelle idylle gracieuse! Quel riant paysage au milieu de cette nature en deuil.

Adieu bergiers et pastourelles
Et les beaux champs que Dieu fit croistre
Adieu fleurs et roses vermeilles
Il fault tous obéir au maistre.

Toujours notre muse populaire a su laisser, après elle, les traces de son passage. — Dans ses heures de tristesse ou de joie, dans ses jours de colère ou d'ivresse, on la reconnaît sans peine, parce qu'elle interprète avec sincérité tous les mouvements de son cœur.

Nous voudrions savoir le nom de l'artiste qui, le premier, a gravé les figures de la Danse des Morts. Malgré la naïveté de leur exécution, elles sont intéressantes à étudier, car elles trahissent les premiers efforts du réalisme qui va dominer dans les œuvres de la Renaissance. Bientôt Albert Dürer créera cette fantastique composition si connue sous le nom du *Cheval de la Mort* et Holbein donnera l'*Alphabet de la Mort*, chef-d'œuvre de gravure, où chaque lettre offre, par la combinaison des personnages, une scène dramatique dans laquelle la mort vient saisir l'homme à tout âge et dans toutes les conditions.

Quant aux vers en français, dont nous avons donné quelques fragments, et qui sont conservés dans presque tous les Livres d'Heures au XVIe siècle, on doit les considérer comme une œuvre collective où le vieil esprit gaulois se révèle avec sa maligne bonhomie. Nous la regardons néanmoins comme la plus curieuse expression de son époque, car elle résume en elle seule toute la mélancolie de quatre siècles pendant lesquels l'humanité entière souffre, espère et prie. A part un pauvre escholier, un joyeux compère n'ayant ni feu ni lieu, maître François Villon, qui se dit qu'il peut bien mourir, et se console en poète :

. . . .
Puisque papes, roy, fils de roys,
Et conceuz en ventres de roynes,
Sont enseveliz mortz et froids.

Quittons, à regret, les tristes *Simulachres de la Mort* pour retrouver, parmi les bordures historiées de nos Heures dévotes, ces douze filles du paganisme, les Sybilles, avec leurs attributs, annonçant la venue du Messie sur la terre, au moyen de dictons et d'oracles rimés en vers français.

Nous ne discuterons pas sur l'authenticité des prophéties sybillines conservées par la tradition chrétienne ; il nous sera permis seulement de nous rallier à l'opinion la plus répandue qui les considèrent comme altérées dans les premiers siècles de l'ère vulgaire, soit par la mauvaise foi, soit par l'ignorance.

On a beaucoup parlé de la naïveté de ces *dits*, on leur a même, avec raison, reproché quelques banalités; mais ne faut-il pas aussi en rendre un peu responsable l'imagination de la foule crédule qui alors sondait l'avenir en écoutant les prophéties les plus extravagantes, et qui apprenait l'histoire des temps passés en rimant de vieilles légendes? Un seul de ces dictons suffira pour faire apprécier les autres. Prenons celui de la sybille de Samos qui « proferoit à l'aage de XXIII ans que la Vierge Christ poseroit en la crèche aux beufz et gerroit. » La prophétesse a été peinte par Arnaut de Moles sur les verrières de Sainte-Marie d'Auch :

De pucelette
Jeune fillette
Ung petit enfant nasquira
Que toute povre bestelette
Adorera
En la creschette
Sur seiche herbete
L'asne rude le saluera
Le beuf vers luy s'inclinera.
Adonc sera le Dieu des dieux
Loué en la terre et au cieulx.

Les Humains

répondent à l'oracle :

Sibille sanne vous parlés
De matière excellente
De tous pointz vous me consolez
Votre loquence trouve gente.

Ce *dict*, malgré l'afféterie d'une époque de décadence, est empreint d'une certaine poésie. En plein XVIe siècle, Ronsard et sa pléiade, en retrempant la forme du vers aux sources classiques, garderont quelque chose de la mignardise et de la naïveté maniérées de la littérature ascétique.

Il nous reste un côté révélateur bien intéressant à étudier dans nos vieux livres d'Heures; nous voulons parler de la vie privée d'autrefois prise en quelque sorte sur le fait, dans ce qu'elle a de plus intime, c'est-à-dire dans son cœur, si l'on peut s'exprimer ainsi. Retrouver à la fin du Moyen âge, la société avec ses mœurs, la femme, dans son intérieur, avec ses croyances, ses scrupules, ses prières, ses méditations et ses craintes serait, sans doute, une tentative hardie de notre part, si nous n'avions, près de nous, un témoin muet et authentique de l'époque elle-même.

« Ici, dit le livre, commence une petite instruction et » manière de vivre pour une femme séculière, comme elle » doibt se conduire : en pensées, en parolles et œuvres » tout au long du jour pour tous les jours de sa vie pour » plaire à Nostre Seigneur Jesuchrist : et amasser riches-» ses célestes au proffit et salut de son âme. »

Nous ne nous contenterons pas, cependant, d'interroger ce monument précieux, nous consulterons aussi quelques livres bizarres et singuliers de l'époque qui nous occupe.

Laissons la parole au vieux chevalier de La Tour Landry, un bon gentilhomme qui avait composé, pour ses filles, un recueil d'enseignements, afin de leur servir de guide dans toutes les circonstances de la vie Son livre renferme: « les bons usages et les belles actions des femmes ver-» tueuses afin que toutes les dames et demoiselles y pus-» sent y prendre exemple. »

Le premier conseil qu'il donne à ses filles est de commencer la journée par prier Dieu.

« Ne soyez pas des paresseuses qui aiment trop leur corps et aussi dorment longuement, car nous debvons tous être avaricieux de gaigner spirituellement, que le temps de dormir et de menger nous doibt estre ennuy. Et n'en devons seullement prendre que la nécessité. Hélas! ma mye, il n'y a remede : il faut estre saulvé ou damné : nous n'aurons jamais paradis si nous ne prenons soing et peine de l'acquérir. Or doncques quand vous sortirez de vostre lict : mettez vous à deulx genoulx et les mains joinctes et le cœur élevé à nostre Seigneur » (*Instruction pour une femme séculière*).

Le second enseignement donné par le chevalier à ses

filles consiste en une leçon de courtoisie : « J'ai vu une grande dame, dit-il, ôter son chaperon et saluer un simple taillandier; quelqu'un s'en étonnant, la dame répondit : — je préfère avoir été trop courtoise à l'égard de cet homme que d'avoir commis la moindre impolitesse envers un chevalier. » Combien cette leçon est charmante ! Et que nous sommes encore loin de l'arrogance et de la morgue qui, à la chute de la féodalité, pénètreront dans les mœurs et les us de l'aristocratie dépossédée.

« En entrant dans l'église, dit le Livre d'Heures, prenez de l'eau benoiste et adorez la très Haulte et Sainte Trinité. — En disant vos heures à la messe, recommande la Tour Landry à ses filles, ne ressemblez pas à la grue qui tourne la tête d'un côté et le corps de l'autre. — Mais regardez devant vous, tout droit et avec dignité. — Car l'on se meque, avec raison, des femmes qui tournent le visage çà et là sans aucune modestie. »

Si nous ne craignions pas des citations trop longues et trop fatigantes, nous voudrions reproduire les conseils du chevalier au sujet des modes étrangères et des accoutrements singuliers. — Un des chapitres les plus curieux est celui où il blâme les hautes coiffures et les robes à queue qui, selon lui, font ressembler les femmes aux cerfs branchus baissant la tête pour entrer au bois. Quant aux femmes de bas étage qui ont adopté la robe traînante : « elles sont crottées par derrière autant que la queue d'une brebis. »

Toute l'analyse de ces instructions se retrouve dans les intéressants *Mémoires historiques sur la vie publique et privée des femmes françaises,* par M. Le Roux de Lincy. — On y retrouve les plus piquantes révélations sur les mœurs de la Société polie, en France, depuis le ve siècle jusqu'au commencement du xvie siècle.

Nous renvoyons aussi le lecteur au *Menager de Paris*, ouvrage composé, vers la fin du XIVe siècle, par un bourgeois pour servir de guide aux femmes de sa classe. C'est une sorte de traité de morale et d'économie domestique. —Ces deux livres peuvent donner une idée exacte et complète de l'existence intérieure, en faisant connaître les mœurs privées des deux classes de la Société bien distinctes encore à cette époque : la noblesse et la bourgeoisie.

Nous ne pouvons, cependant, résister au plaisir de donner un aperçu sommaire d'un petit livre longtemps oublié et réédité dans la collection Janet, par les soins de M. Anatole de Montaiglon. Il s'agit d'un des premiers enfants terribles de l'imprimerie sortant de dessous les presses, avec cette allure leste, pimpante et souvent gouailleuse qui caractérise si bien les tentatives naissantes de notre esprit français. *Les XV Joies du Mariage* sauront nous faire pardonner la digression que nous allons tenter sur un terrain si éloigné des livres d'heures ; nous la croyons néanmoins utile puisqu'elle peut nous initier aux petites misères de la vie conjugale d'autrefois, et nous faire entrevoir, en soulevant le coin du rideau, quelques scènes pleines d'intérêt d'un ménage du XVe siècle. On attribue cet opuscule satirique à Antoine de La Salle, l'auteur connu du *Petit Jehan de Saintré*. Son livre est divisé en XV chapitres. Chacun d'eux forme le sujet d'une joie pour la femme, et en même temps devient une douleur pour le mari ou le bonhomme, comme l'appelle ce Molière anticipé.

La première joie éclate au sujet d'une robe neuve. Madame se plaint que la sienne soit devenue trop courte et trop étroite, depuis son mariage. Elle a vu celles de ses amies qui sont ajustées à la mode nouvelle. Aussi, elle pleure, elle tempête, elle veut mourir, jusqu'à ce que le pauvre bonhomme apporte enfin l'étoffe si désirée, quoiqu'il ait besoin d'acheter deux bœufs pour sa métairie, de faire réparer le toit de sa grange, etc., etc. N'est-ce pas le cas de dire : autre temps, mêmes mœurs !

Rien n'est amusant à lire comme le chapitre où le mari n'ose contrarier sa femme en état de grossesse; il faut se représenter tout ce monde qui jase autour du lit de l'accouchée, se goberge et fait ripaille, tandis que l'infortuné mari ne trouve rien pour son dîner. Et le voyage à Notre-Dame de Lorette, suite d'un vœu formé pendant la grossesse? Que dites-vous du pauvre bonhomme faisant le chemin à pied, trottinant derrière la mule qui porte Madame, pendant que celle-ci s'amuse à cueillir des mûres et des cerises le long des sentiers? La scène, dessinée par le crayon spirituel et philosophique de Gavarni, offrirait une charmante peinture de mœurs.

Passons quelques joies ou supplices de cet enfer conjugal, et arrivons enfin à la dernière — celle où le mari surprend sa femme en faute — *flagrante delicto !* Le Georges Dandin est convaincu, mais la belle-mère, aidée des commères du voisinage, lui persuade l'innocence de son épouse coupable, et tout le monde conspire contre lui, jusqu'à un cordelier, qui atteste qu'il n'est pas femme plus sage au monde, car il avait reçu ses confessions depuis deux ans.

C'était cependant une chose fort sérieuse que la confession au Moyen âge, si nous nous en rapportons à l'examen de conscience que « ung chascun bon chrestien devait dire » tous les jours et principalement le jour de Pasques.» Ce petit livret, annexé au livre d'Heures, contient l'énumération de tous les péchés que l'on pouvait commettre et dont il fallait, comme de nos jours, faire humblement l'aveu pour en obtenir la rémission.

Quand le pénitent avait *repassé*, dans sa conscience, les

fautes innombrables dont il avait pu se rendre coupable, on doit reconnaître qu'évidemment la part du Diable devait être bien restreinte.

« Sire Dieu, j'en dis ma coulpe, s'écriait-il en frappant » sa poitrine; je m'en confesse et crie à mon créateur » mercy et pardon. J'ay peché de mes yeulx en mal voir et » regarder — de mes oreilles, d'en mal ouyr et escouter » — de mon nez, de mal sentir et odorer — de ma bouche » en mal parler — de mes mains, en mal toucher et mal » ouvrer — de mes pieds, en mal venir et mal aller — de » mon cœur, en follement et mauvaisement penser. » N'est-ce pas l'humilité poussée dans ses dernières limites, et le scrupule dans toutes ses exagérations ?

C'est dans le plus gai compère du Moyen âge, dans les *Cent nouvelles Nouvelles*, ce joyeux répertoire des folies amoureuses, tout rempli de femmes coquettes, de moines coureurs, et de maris dupés et *coquards*, que nous avons retrouvé certains détails sur la confession elle-même. On nous reprochera peut-être, avec raison, de mêler le sacré au profane, et de chercher nos exemples dans un milieu assez peu orthodoxe; mais, quand il s'agit de matière littéraire, il faut hardiment prendre son bien où on le trouve et accepter toujours le dire des témoins contemporains.

Dans la septante et huitiesme nouvelle, le malin conteur narre le fait d'un mari jaloux et soupçonneux qui, pour s'assurer de la fidélité de sa femme, durant un long voyage, s'avisa, à son retour, de vouloir surprendre ses aveux, en se substituant au lieu et place du confesseur. Cachant ses traits et couvert d'un surplis, « il vint en la » chapelle et au siége du prestre sans mot dire entra, et » sa femme d'approcher qui a genoux se mist devant ses » piez, cuidant pour vray estre son curé et sans tarder

» commença sa confession et dist : *Benedicite*. Et nostre » sire son mary, respondit *Dominus*, et au mieulx qu'il » sceut, comme le curé l'avoit apprins, assovit de dire » ce qui affiert. Après qu la bonne femme eut dit la » confession générale, descendit au particulier.... »

Soyons moins indiscret que le mari et taisons le reste de l'histoire : il nous suffit de savoir qu'il y avait même alors, en dehors du Livre d'Heures et de la *Confession générale*, dont nous avons parlé plus haut, un chapitre *particulier* et tout intime dont il serait difficile de retrouver les traces, puisque confesseur et pénitent ont emporté leurs secrets.

Comment donc arrivait-on à l'état de grâce, à la perfection, et quels étaient les moyens de parvenir *finablement au royaume de Paradis?*

Avec son ingénieuse subtilité, le Moyen âge avait su trouver une sorte d'échelle *mystique* dont il fallait gravir les degrés spirituels pour atteindre le dernier échelon de la perfection humaine. «C'est un entretien versifié où tantôt la Raison parle à l'homme en lui conseillant l'humilité, l'amour du prochain, l'innocence, la modestie, en un mot toutes les vertus chrétiennes, tantôt aussi « la vaine gloire s'entretient avec l'âme raisonnable » de la façon suivante :

Je suis vaine gloire appellée
Aynée fille du prince d'enfer
Qui fus au hault ciel trouvée
Par le grand maistre lucifer.
Qui veult savoir desquels je suis
Avec les grands me trouverez
Plus souvent qu'avec les petits.

Quant à l'humilité, elle s'exprime en ces termes :

Ma fille baille moy la main
Si tu veux estre bienheurée
Du très noble roy souverain

De qui je suis la bien aymée.
Car en la Vierge saincte Marie
Il n'y eust ia prins corps humain
Pour vrai, s'il ne my eust trouvée.

C'était alors un usage assez fréquent de donner à toutes les choses immatérielles, aux esprits, aux vertus, aux vices, aux anges, au diable même, une sorte de forme corporelle afin de mi ‹ux frapper l'imagination populaire. Les *moralités* des Théatres de mystères fournissent mille exemples de cette application permanente de l'allégorie poussée jusqu'à l'excès et avec tous ses raffinements.Le mysticisme religieux allait encore plus loin puisque nous voyons dans notre livre d'Heures : « Les Allumettes pour nous spirituellement allumer et enflamber au feu d'amour divin. »

C'est encore cette expression de tendresse ineffable qui a donné naissance à un grand nombre de prières ou d'oraisons qui témoignent d'une exaltation religieuse poussée à ses dernières limites; exaltation que Rabelais veut railler sans nul doute, quand il signale les livres excentriques, quelquefois imaginaires, de la librairie Sainct Victor : Nous citerons le *Moutardier de pénitence;* — les *Fanfares de Rome;* — le *Cullot de discipline;* — la *Savate d'humilité ;* — la *Marmite des Quatre Temps;* — la *Cornemuse des Prélats* et autres productions étranges que nous avons cru devoir passer sous silence, car elles pourraient en leurs titres braver l'honnêteté.

Sans doute, le malicieux curé de Meudon voulait faire allusion *aux trois Patenostres du Pape* en mentionnant *la Patenostre du singe*, et nous l'accuserons d'avoir volontairement poussé l'irrévérence jusqu'à se moquer d'un pauvre pape mourant qui demandait, comme dernière grâce à son chapelain, de réciter trois oraisons dominicales, la première en l'honneur de la *tristesse*, la deuxième. pour les *passions* et *amertumes*, la troisième en l'honneur de la *charité inestimable de Notre-Seigneur*.

Nous ne terminerons pas notre étude sur les livres d'Heures, sans mentionner quelques-unes des oraisons et des méditations pieuses du commencement du XVIe siècle. Elles respirent cette bonhomie charmante qui, malgré certaines banalités, les fait encore rechercher comme des monuments de la piété de nos pères : « — Raisons très dé-» votes, plaisantes et bien composées en l'honneur de la » royne du Paradis, divisée en couplets;» — les protestations de la foy « — les quinze oraisons de saincte Brigitte où l'on appelle Jésus *médecin celestiel, fontaine de pitié, douceur des cœurs, abyme de misericorde, vigne plantureuse*, etc.,» épithètes qui témoignent de l'amour débordant dans toutes ces âmes candides et bonnes. La Vierge, *la dame du Paradis* devient l'objet d'un culte encore plus tendre. — Lisez cette invocation empruntée *aux XV Joies de Nostre-Dame*, on la supplie en ces termes : « Douce » dame de misericorde, fontaine de tous biens, belle très » douce dame je vous mercie et vous prie... »

Avant de clore notre vieux missel et de le replacer dans son rayon poudreux, nos regards ont surpris une pensée que nous transcrivons, parce qu'elle dépeint fidèlement la tristesse de cette époque accablée et maladive. On croit entendre un cri du cœur de l'ancien monde féodal, de ce peuple qui a soif de vie et de lumière et qui jette cette phrase désespérée comme un dernier adieu :

Ce monde n'est que vallée ombrageuse
Melencolique, obscure et ténébreuse
Ou il n'y a sinon que larmes et pleurs
J'ai soif, froid, chault et mil aultres douleurs.

Tout-à-coup le décor change, cette foule si triste et si

plaintive sèche ses larmes : elle s'en va vider les brocs au cabaret, chanter la dive bouteille; elle se moque de la Révélation, et vous la verrez bientôt courir au *presche* pour écouter Calvin.

Chez **AUGUSTE AUBRY**

Rue Dauphine, 16,

PARIS

DU MÊME AUTEUR :

UNE BIBLE MANUSCRITE ET ENLUMINÉE DE LA BIBLIOTHÈQUE D'AUCH; ses nombreuses miniatures, et en particulier l'initiale de la Genèse (XIIIe siècle). Auch, 1862; brochure in-8°, *fac simile*...... 1 50

L'EXPOSITION DES BEAUX-ARTS A AUCH, 1863; brochure in-8°. 1 fr.

DOCUMENTS SUR QUELQUES FAÏENCERIES DU SUD-OUEST DE LA FRANCE; Paris, 1864 Impr. J. Claye. In-12.................... 1 fr.

Extrait de la *Gazette des Beaux-Arts*.
Tiré à 100 exemplaires.

PASSAGE A AUCH D'ELISABETH FARNÈSE, REINE D'ESPAGNE (1714). *Fragments inédits d'histoire locale*. Paris. Aubry. 1864. Brochure in-8°...................................... 1 fr.

Auch, imprimerie et lithographie de F. Foix.

www.ingramcontent.com/pod-product-compliance
Ingram Content Group UK Ltd.
Pitfield, Milton Keynes, MK11 3LW, UK
UKHW021203230726
13926UKWH00001B/274